AF414644

Gualbert René Ayayi AHYI

LE CAS CAMILLE :

A propos des difficultés des prises en charges des affections psychiatriques en Afrique Noire

CIP a Camerei Naționale a Cărții

Ahyi, Gualbert René Ayayi.

Le cas Camille : A propos des difficultés des prises en charges des affections psychiatriques en Afrique Noire / Gualbert René Ayayi Ahyi. – Chișinău : Generis Publishing, 2020 (Print on demand). – 42 p.

Referințe bibliogr.: p. 40-41.

ISBN 978-9975-3226-7-6.

616.89(6)

A 29

Cover image: www.pixabay.com

Generis Publishing

Online orders: www.generis-publishing.com

Orders by email: info@generis-publishing.com

<u>Préface</u>

Depuis bientôt un siècle les responsables de la santé en générale et de la santé mentale en particulier dans les pays africains surtout au sud du Sahara ont été les représentants de la médecine moderne véhicule du modèle européen qualifié de scientifique.

Mais depuis ce temps jusqu'à présent, et plus maintenant qu'avant, leur position semble de moins en moins assurée et ceci devant :

- Le recours constant de près de 80% de la population aux praticiens de la médecine traditionnelle ;
- Les résultats parfois étonnants enregistrés par le guérisseur ;
- Enfin les faits irrationnels qualifiés par certains de réalités africaines ;

Cette position inconfortable a conduit certains chercheurs et certains praticiens sortis des universités européennes à se remettre en cause et à collaborer plus humblement avec les guérisseurs. Ils sont même prêts actuellement pour certains après s'être mise à leur école à valoriser certains aspects positifs des savoirs endogènes.

Adepte de cette nouvelle tendance de l'évolution de prises en charge, notre propos actuel qui n'est que celui d'un néophyte ambitionne seulement de rendre compte de quelques-uns de nos malaises, de nos constats et de nos pistes actuelles de recherches sur qu'avec nous, vous éprouverez le besoin d'aller individuellement plus loin ou ensemble de nous aider à percer certains mystères et à détruire certains mythes si c'est nécessaire.

René Gualbert AHYI

Introduction

Au début des années 1980 à notre arrivée à Cotonou nous avions pensé que notre jeunesse dans le métier et l'inexpérience qui en découle étaient juste pour un temps après quoi nous allons réussir à affronter les nombreuses difficultés rencontrées dans notre profession. Mais force est de constater qu'au lieu de nous aider le temps nous a surpris.

Très tôt, en notre qualité de chercheur, chasseur nous trimbalons dans notre gibecière ''des doutes'', des remises en causes, brefs des ''cas'', de nombreux cas comme Camille. Nous avons décidé de vous entretenir de ce cas, cette fois, vous éminents chercheurs, les maîtres, nos homologues, nos élèves aujourd'hui au gouvernail des affaires, nos étudiants et élèves qui bientôt nous supplanteront par leur érudition eu égards au progrès de la science et de l'intelligence artificielle.

C'est dire que la cible que nous visons est très large.

Le cas Camille de ce jour ne représente que la profondeur de notre doute, de notre ignorance. Il n'ambitionne que d'animer un plaidoyer pour la réorientation et l'approfondissement de nos connaissances des techniques modernes et des pratiques que nous osons qualifiés **d'intelligence ''artificielle traditionnelle''** dans le but désormais de mieux nous former en vue d'une meilleure prise en charge globale des patients d'aujourd'hui et de demain.

LE CAS CAMILLE

En Afrique comme ailleurs, armés d'une bonne définition de la santé nous nous sentions aguerris par la maîtrise de la connaissance des symptômes, des syndromes pour faire des diagnostics précis, positifs et différentiels. Bien que formé en Afrique à la Faculté Mixte de Médecine et de Pharmacie de Dakar au Sénégal la sensibilisation et les initiations aux savoirs endogènes n'ont pas été suffisantes pour affronter certains problèmes. Comme de nombreux collègues nous essayions d'être efficaces dans la structure de soins calquée sur celle de la France ancienne colonisatrice et responsable des diplômes délivrés en équivalence ce qui est une marque de reconnaissance.

Mais voici que le cas Camille vient semer en nous de sérieux doutes et nous inviter à mesurer la profondeur de notre ignorance quand nous faisons fi des **réalités dites endogènes ou africaines pour ne pas dire des intelligences pas « artificielles » mais « traditionnelles ».**

❖ <u>**Camille au Centre National Hospitalier et Universitaire (CNHU)**</u>

Camille est un jeune homme, adulte de 35 ans, instituteur, marié sans enfant, que nous avons eu à prendre en charge comme d'autres médecins dans les structures hospitalières ordinaires ou de référence du Bénin pour les maux chroniques dont il se plaint et qui occasionnent chez lui des souffrances quotidiennes qui l'empêchent d'évoluer, de travailler, bref de vivre la grande santé « c'est-à-dire donner vie, porter du fruit, transmettre, ce qui nous nourrit à ceux qui ont faim ».

Après avoir consulté sans succès quelques médecins généralistes civils et militaires, béninois et français pour divers symptômes et syndromes, Camille s'est vu obligé de se confier au CNHU, hôpital de référence, dans un premier temps à un Professeur Agrégé en Oto-rhino-laryngologie pour une rhinite traînante et chronique, et dans un deuxième temps au Professeur Agrégé en Médecine interne pour des céphalées, des vertiges et des troubles de la vision qui ont conduit au diagnostic d'une hypertension artérielle dite «essentielle», c'est-à-dire dont la preuve de l'étiologie organique n'est pas faite.

Devant la persistance des maux, malgré les multiples interrogatoires, explorations et soins prodigués, Camille fut orienté comme beaucoup d'autres en psychiatrie pour une prise en charge complémentaire. La prise en charge a été faite par nous-mêmes, également en ce moment Professeur Agrégé en Psychiatrie d'Adultes.

Après les écoutes et les entretiens, nous avons diagnostiqué un syndrome fréquent en Afrique : le *Brain fag Syndrom,* une inhibition intellectuelle rencontrée chez les aînés garçons en classe d'examen (classe de 3e ou en terminale, et ou à l'université). Ce syndrome est fait de céphalées rebelles au traitement habituel, d'échauffement du cerveau, lors des tentatives de travail intellectuel et de concentration. A l'impression d'éclatement imminent du cerveau, s'ajoutent les troubles de la mémoire, une insomnie et une baisse de rendement scolaire chez cet aîné conscient de la situation sociale souvent précaire de sa famille et de ce qui est en jeu en ce qui concerne ses résultats scolaires. Cette affection qui a obligé Camille à abandonner les études après son Brevet d'Etudes du Premier Cycle (BEPC) pour devenir instituteur est si inconnue et importante pour ce qui va être dit plus loin. Elle mérite qu'on s'attarde sur sa pathogénie et sa clinique ;

Brain fag Syndrom : Pathogénie et clinique

AHYI et Akélé-Akpo ont abordé l'étiopathogénie par la recherche de l'origine socioculturelle de certains symptômes.

Ils ont constaté un investissement exagéré des aînés dans les études. « Pour le Béninois moyen, réussir c'est d'abord réussir à l'école, avoir le diplôme dans un pays réputé pauvre en ressources minières. La matière « grise » est la voie royale amenant comme du temps des administrateurs français à une réussite sociale ».

La famille investit dans les bouquins et une tension énorme se crée chez l'individu qui doit se présenter à l'examen quand l'année comporte à la fin un succès monnayable : l'élève étudie mais pas pour lui seul. Les charges (nombre de personnes dans la fratrie et poids des obligations) sont telles que la réussite partagée n'a plus de sens. Parfois c'est mieux de ne pas réussir que de prendre une telle responsabilité. « Anxieux, l'élève constatera l'apparition de céphalées, d'échauffement de la tête et du cerveau, d'inhibition intellectuelle, de confusion, de blocage total ; de fatigue oculaire, de vision floue, de larmoiements. »

L'asthénie dans le _Brain Fag Syndrom_ apparait alors comme un refus de combat, comme une alternative passive ou même régressive de la personnalité.

« La survie familiale est une deuxième source de préoccupation qui rend compte de l'éclosion de l'affection dans les classes d'examen de fin du cycle et chez les ainés surtout garçons éduqués pour être demain les remplaçants des parents. »

En milieu Adja-Fon, la fille étant destinée à se marier donc à quitter la famille, seul le garçon est investi par les parents. De ce fait le cadet garçon sera plus considéré que la fille ainée. Ainsi le cadet mais ainé garçon (ainé de circonstance) est très tôt éduqué pour être responsable. Il est soumis à la sévérité des parents qui fondent tout leur espoir sur lui pour la réussite. Ils veulent en faire un enfant modèle, leur remplaçant de demain. L'enfant écrasé par le lourd objectif des parents, se sent incapable de se rebeller contre ce traitement et vit le conflit qui s'inscrit dans son subconscient et devient source d'angoisse, nid du _Brain Fag Syndrom_ à la puberté.

Sur le plan psychologique, l'aîné étant en contact direct avec les parents, essaie d'épouser leurs désirs, se fait docile, sage, travailleur et très tôt est au courant d'informations importantes qu'il ne pourra pas toujours gérer.

La situation dans les nombreuses familles polygames aggrave la tension chez certains élèves. Les ainés de mère, vivant dans un système polygamique, sont plus exposés. Le seul revenu du père ne suffit pas pour tout le monde. La mère se débrouille pour nourrir, soigner et élever ses enfants. Son ainé garçon se voit investi très tôt de la responsabilité d'aller le plus loin possible dans les études afin de réussir et de combler un vide laissé par le père. Il devient le porte-drapeau de cette frange de la famille. Or être le premier ou le porte-drapeau en Afrique expose à des réelles ou supposées attaques de toutes sortes surtout occultes. Cette seule crainte est suffisante pour créer et entretenir l'inhibition intellectuelle et le renoncement au succès. L'échec devient alors paradoxalement salutaire.

Cette compréhension dans le cas de Camille a permis de poser sans hésitation le diagnostic de _Brain Fag Syndrom_. En effet au début de la maladie, il y a 14 ans environ, il était l'ainé garçon de sa famille, **le**

premier prétendant à l'obtention du BEPC et le premier séminariste décidé à être le premier prêtre de sa collectivité et de son village. Ainsi plusieurs fois, porte-drapeau et héritier, il apparait normal qu'il soit stressé au point de faire la maladie diagnostiquée grâce à notre nosographie.

Les rôles sociaux et le stade de développement sont aussi importants dans l'étiopathogénie.

« Les sujets en période pubertaire sont les plus nombreux. En plein bouleversement hormonal et physique, le sujet se rend compte qu'il devient adulte. Il acquiert plus de responsabilité. Les problèmes sentimentaux débutent aussi. À ce carrefour de trois conflits, psychologique, physiologique et social, l'individu tant sollicité, peut déclencher des troubles. »

La clinique du « *Brain Fag Syndrom* » montre que le mode de début de ce dernier est variable. Plus souvent brutal, il peut être parfois insidieux.

Ainsi chez certains malades le « *Brain Fag Syndrom* » peut s'installer progressivement. Il est possible que les troubles se soient déjà manifestés chez notre patient à une date très ancienne. La manifestation actuelle après une longue période d'incubation ne représente que l'aggravation de la maladie alors que le malade traverse une période où il doit à nouveau poser un acte important qui est la réussite à un prochain examen qui parait déterminant pour lui et sa famille sur les plans financiers, matériels et honorifiques.

Le début brutal est souvent consécutif à un évènement marquant dans la vie du sujet qui était jusque-là dans le groupe des meilleurs élèves de la classe .Cet évènement précis peut-être une affection infectieuse ou parasitaire habituellement banale (paludisme etc.),un traumatisme (accident de la route),un choc affectif (décès de parents),une situation anxieuse (examen blanc, examen de passage).Le mal peut débuter chez certains comme un coup de tonnerre dans un ciel serein que n'ont apparemment assombri ni une atmosphère de concurrence, ni l'anxiété provoquée par une menace d'envoutement ou d'attaque de sorcellerie .

Mais paradoxalement, Camille incrédule des pouvoirs maléfiques des initiés et notables de son village nous a signalé que depuis 4 ans c'est-à-dire son entrée au séminaire qu'il tenait tête aux initiés visiblement contre son sacerdoce. Il avait peur mais il croyait à la protection de Dieu et à l'abandon plus tard de la position des parents et des notables. Mais voilà qu'à l'admission de son BEPC, les troubles se sont accentués. Les prises en charges dans les hôpitaux modernes et par les plus grands maitres n'ont pas abouti et il a été obligé de surseoir à ses études. Il a entrepris la carrière d'instituteur malgré lui mais même dans cette nouvelle orientation, il se vit toujours malade et peu à l'aise. Ceci explique sa consultation au CNHU et sa nouvelle tentative de prise en charge en psychiatrie depuis bientôt trois ans.

La prise en charge, n'a connu comme chez les deux premiers professeurs spécialistes qu'une petite amélioration. Ceci nous obligeait à continuer par le biais d'une psychothérapie de soutien, et une chimiothérapie faite de psychotropes pour effacer les symptômes et soigner Camille individu malade.

Nous n'étions pas très satisfaits de ce demi succès, quand les réalités béninoises pour ne pas dire africaines nous ont rattrapés.

Après trois (3) ans de traitement suivi d'une légère accalmie, un samedi saint, vers 10 heures, Camille et Dame X sont arrivés à mon cabinet privé, de consultation sis dans ma maison. Ils étaient porteurs d'un message de mon aîné et ami, l'Abbé Daï, curé catholique de renom eu égard à ses recherches, ses connaissances et des pratiques en médecine traditionnelle béninoise. La requête formulée était : **« en ma qualité de médecin reconnu et d'autorité médicale, la délivrance d'un repos médical d'un (01) mois au moins, afin de permettre à la Dame X de prendre en charge Mr Camille, « mon patient » »**. Tout en ne pouvant que prendre au sérieux la demande, je ne voulais cependant pas m'exécuter sans chercher à comprendre ce qui se passait. De plus, bien que n'ayant pas totalement réussi à guérir le patient, j'étais frustré de devoir tout abandonner et le laisser à une tante fut-elle une praticienne renommée.

Aussi, je feins de refuser en demandant à Dame X qui elle était et pourquoi elle voulait prendre en charge son neveu. Sa réponse me dérouta, car c'est pour la première fois que j'étais en face d'une personne qui affirme :**« *<u>Je ne suis pas guérisseuse mais une sorcière. C'est nous qui, depuis près de 14 ans, avons rendu dans cet état ce jeune homme et par pitié, j'ai voulu l'aider puisque, après hésitation, il a accepté suite à l'exhortation de l'Abbé Daï votre ami, de nous suivre. Mais pour vous Professeur, quelle est l'affection dont souffre</u>***

votre malade ? »

Sûr de mon diagnostic, et fier de moi-même, je déclare suivre mon patient pour une inhibition intellectuelle particulière rencontrée dans notre région africaine.

> « *C'est tout ?* » demanda-t-elle
>
> « *Oui de mon côté*, répondis-je, *mais il est aussi suivi par deux autres Professeurs Agrégés pour sa rhinite et pour son hypertension.* »
>
> « *C'est tout ?*» demanda-t-elle à nouveau ?
>
> « *Oui, c'est tout car ce sont les éléments de sa maladie que j'ai pu avoir au niveau des antécédents signalés.* »
>
> « *C'est faux*, répliqua-t-elle. *Il reste encore d'autres symptômes qui le font souffrir.* »

Curieux et irrité, je demandai d'un signe de tête à Camille qui donna raison à sa tante en affirmant qu'il souffrait d'une érection permanente et d'une obsession sexuelle depuis des années. La sorcière jubilait, elle nous qualifia nous les médecins d'ignorants. Elle ajouta ironiquement « *Il faudra un quatrième agrégé pour prendre en charge ses troubles sexuels* ».

Désormais, plus humble, j'adopte un ton adapté à mon profil bas pour lui demander : « Selon *vous, Madame, de quoi souffre votre neveu ?* » Elle me répondit avoir déjà avoué a Camille qu'il a été envoûté par les parents du village qui ne voulaient pas qu'il devienne un prêtre catholique. Il a été envoûté comme un promotionnaire séminariste du village après leur refus de quitter le séminaire et leur obtention du BEPC.

Les sorciers, redoutant la concurrence religieuse dans le village, ont, après un consensus, décidé de ne pas les tuer, mais de les rendre handicapés. Ceci a été fait pendant les vacances, après le BEPC. Ils ont utilisé une des chemises usagées que Camille a offerte à un jeune cousin venu la, lui demander sans qu'il ne s'imagine tout ce qu'on allait en faire. Une partie de la chemise découpée fut attachée à l'aile d'un pigeon qu'on laissa s'envoler après des incantations. Ceci a provoqué l'inhibition intellectuelle rendant impossible les longues et difficiles études de français, philosophie et de latin pour être prêtre.

Mais craignant que les aînés prêtres n'ordonnent Camille malgré ce qui devait être son inhibition, il fut décidé d'utiliser le restant de la chemise usagée. Ceci fut porté à un bouc dont les caractéristiques furent transmises à Camille. Ce qui explique, la rhinite chronique, habituelle chez les boucs et l'érection permanente (les boucs étant toujours derrière les femelles chèvres). Ceci parait incompatible avec le statut de prêtre qui à défaut de serment de célibat font le vœu d'abstinence.

La sorcière me demanda si tout me paraissait plus clair à présent. J'acquiesçai, ayant compris de moi-même l'effort fait par cet ancien séminariste pour résister à ses désirs sexuels ravageurs le mettant sous tension permanente ce qui explique l'hypertension qualifiée par les confrères « d'essentielle ». Venant d'apprendre quelque chose, je remercie Dame X. Elle promit de revenir après la guérison de Camille pour m'aider dans ma profession. J'ai accepté sans lui dire que j'avais peur d'elle et que je ne voulais pas devenir sorcier.

Compte tenu de mon expérience personnelle et de la connaissance que j'avais de la pratique des guérisseurs et sorciers, je l'avertis de son échec certain dans sa tentative solitaire et étant encore une femme, de sauver Camille. Elle me fit comprendre qu'en fait, elle est une épouse de l'oncle de Camille et qu'au moment des faits, elle était « un lampion » mais que je dois savoir qu'il existe après le lampion, la lanterne, la lampe à gaz « *Tito* » et enfin l'électricité. Je la remercie, ayant compris son « grade » actuelle signalé par ses dires. Je lui rendis le certificat d'hospitalisation à domicile d'un mois à renouveler après leur prochaine arrivée à Cotonou.

Elle refusa à mon grand étonnement en disant qu'elle repartira d'abord au village pour revenir le lendemain dimanche dès 7heures pour me dire si elle pouvait persister dans la décision de prise en charge son neveu.

Le village étant éloigné et comme elle n'avait pas de moyen personnel de déplacement, je lui fis remarquer que c'était impossible de revenir à 7 heures le lendemain. Elle me fit comprendre à nouveau que je suis ignorant et si je ne sais pas qu'elle peut se rendre en France plusieurs fois et revenir cette même nuit. Je me suis excusé car je l'avais écoutée dans un système de réalité qui n'était pas le sien.

Ayant fait le point de notre rencontre à l'Abbé Daï, ce dernier exigea que Camille et elle restent dans son appartement à la mission et qu'ils y dorment pendant qu'elle fera « son voyage explorateur en esprit », selon les dires de Dame X. Ceci fut fait, puisqu'elle amènera deux pieux dès 7h à mon domicile que les sorciers avaient plantés dans le sol pour rendre irréversibles leurs maléfices, il y a 14ans.Ce qu'elle avait omis de nous dire. Ayant déterré ces pieux, la voie était désormais ouverte pour les soins de désenvoûtement. Je lui fis remarquer que je ne croyais pas un mot du voyage puisque l'un des pieux était neuf et l'autre vermoulu. Elle m'injuria et me qualifia cette fois-ci de grand ignorant. Vous ne savez pas qu'on peut reconstituer les choses ? Vous ne savez pas qu'on peut vider les animaux de l'intérieur en laissant intacte la peau ? Le pieu neuf est reconstitué, car il était trop pourri.

C'était le dimanche, jour de Pâques. Camille était rayonnant sans rhinite. Il m'apprit que Dame X a débuté la prise en charge par le biais d'un bain fait avec l'eau dans laquelle elle a fait macérer des plantes.

Camille et sa tante prirent congé de moi une fois le certificat médical de couverture en leur possession. Mais trois jours plus tard je revis revenir chez moi, tout seul, Camille, avec sa rhinite et ses céphalées. Abattu, dépressif, il me confia qu'une fois rentrée au village, Dame X a vu ses deux petits-fils dans un coma profond. Les grands sorciers étaient fâchés et avaient décidé de la punir. Elle prit ses petits-fils et s'enfuit à Sokodé au Togo d'où elle est originaire et où elle avait intégré le groupe des sorciers après initiation. Une rencontre de son groupe avec ceux de Logbogo, village de son mari permit, après paiement d'une rançon de sauver les petits enfants et d'envoûter à nouveau Camille. Elle décida de « ne pas être plus royaliste que le roi » puisqu'en dernière analyse Camille n'était pas son fils mais un beau parent.

Médecin traitant que je suis, j'ai dû alors sans enthousiasme, ni conviction, reconduire mon ordonnance médicale et mes rendez-vous pour entretien après avoir décidé et ordonné pour diminuer les souffrances, le détachement de Camille plutôt comme agent de bureau. Je lui ai demandé de m'écrire l'histoire, de sa maladie. « Les pieux » ont été remis à l'Abbé DAGNON grand exorciste à Cotonou.

Il est inutile de dire que très rapidement Camille a arrêté les soins et ses entretiens avec moi car il a compris que j'avais tout comme sa tante sorcière échoué malgré ma bonne volonté.

Il est utile pour la suite de faire les remarques suivantes :

- L'auto dévoilement de la tante qui se déclare une sorcière et non une guérisseuse nous a dérouté parce que si c'est vrai notre prise en charge est doublement fausse selon les résultats provisoires de notre feu Maitre le professeur Collomb qui a écrit : sur « la différence qu'il y a entre la prise en charge des guérisseurs traditionnels et les prises en charge dans le système moderne. »

- **<u>Différence entre la prise en charge des guérisseurs traditionnels et celle dans le système moderne</u> :**

Selon le Professeur H. Collomb :« Le but visé par les guérisseurs n'est pas le soulagement de la souffrance ou la disparition des symptômes. Ce résultat est secondaire à ce qui est réellement visé :la restauration de la place de l'individu dans la collectivité. L'individu est malade parce que sa position sociale est mise en question. »

Dans le cas de Camille, la thérapeutique a ambitionné de le soigner en tant qu'individu grâce aux médicaments destinés à effacer ses symptômes et à le libérer de son Brain Fag Syndrom.

Le traitement a pris en charge, chez l'individu le coté biologique. La psychothérapie l'invitait à accepter et à banaliser son destin social particulier de flambeau et d'héritier. Il a été négliger cet autre aspect non déclaré au premier abord qui est l'opposition aux notables et aux initiés qui le conduit à une rupture avec son groupe social et sa tradition.

Or d'une façon plus précise « dans le cadre de l'existence traditionnelle quotidienne ,l'individu s'efface devant le groupe :à la fois devant le groupe horizontal constitué par la famille élargie ,les frères d'âge, les frères du village, de l'ethnie et devant le groupe vertical composé des ancêtres depuis l'ancêtre fondateur (celui qui fit alliance avec l'esprit pour que sa descendance vive et prospère dans la paix) composé aussi de toutes générations à venir et auxquelles il est tenu de rendre compte. L'être humain vivant se situe dans ce double réseau, il ne vit que par et pour ce double réseau intégré dans l'ordre religieux et cosmique »

- Comme deuxième remarque, nous sommes avec une sorcière anthropophage qui s'affiche comme un des acteurs des malheurs de Camille.

  C'est quoi la sorcellerie en générale et au Bénin en particulier ?

  C'est quoi une sorcière ?

- ### Le sorcier anthropophage

« Le sorcier anthropophage attaque sa victime pour la dévorer ; il vise la mort par incorporation. L'attaque qui n'aboutit pas à la mort conduit à la maladie mentale sous toutes ses formes, et au désordre psychosomatique. »

Mais la crise angoisse d'angoisse aigue, avec sensation de mort imminente, de dévoration des organes internes, de perte de la force vitale, est le tableau typique.

« Certaines situations ambiguës favorisent l'attaque par les sorciers : naissance c'est-à-dire passage du monde des morts dans le monde des vivants, baptême c'est-à-dire passage de l'être au statut incertain à l'être social nommé, l'initiation passage du statut d'adolescent à celui de l'homme adulte …Ce sont en général des situations à l'occasion desquelles peut se manifester, quelque part dans le groupe, de l'agressivité. »

Dans le cas de Camille, nous étions à mille lieux d'imaginer l'attaque de sorcier. Ceci est peut-être dû au système de prise en charge Occidental dans lequel nous travaillons. Mais surtout certainement au faite que notre patient n'avait fait aucune référence à la sorcellerie et à la lutte non déclarée qu'il menait sans crainte avec les initiés à cause de sa foi chrétienne, et de son choix sacerdotal.

Pour l'africain même intellectuel, la simple évocation d'une possibilité d'attaque des sorciers déclenche un état de panique et une anxiété sévère. La sorcellerie n'est souvent pas assimilée et comprise comme la manifestation d'une simple agressivité. Le patient et son soignant, comme nous, appartenant aux deux systèmes Occidental et Traditionnel avons peur.

En effet, prenant en compte les affirmations de Dame X, il devient difficile de définir le corps humain, sa composition, ses dimensions.
Est-ce que le corps de Camille s'est étendu à la vielle chemise qu'il a donné à son petit cousin après son BEPC ? S'agit-il de « l'aura » dont parle les mystiques et auquel s'intéresse des scientifiques, même des pays très développés pour l'utiliser dans la police scientifique dans les cas de criminalité ?

Cette **aura** est définie selon Larousse comme « une bande de lumière entourant les êtres humains, que pourraient voir les médecins et dont la couleur varierait selon l'état spirituel et sanitaire du sujet. »

Pour Kirlian et ses successeurs, attachés au domaine de la parapsychologie et des médecines énergétiques, la photographie Kirlian en 1939 serait une <u>manifestation de l'aura humaine</u> (effet Kirlian).

La formation classique à l'occidental n'a pas englobé la parapsychologie. Mais l'interprétation traditionnelle des causes des maladies en général et de la maladie mentale en ce qui nous concerne enseigne entre autre que l'attaque d'une victime peut se faire en utilisant un bout d'habit ou de pagne, ou de chaussure porté par la victime, ou en lui mettant la main sur la tête ou par un geste en cueillant l'ombre du corps.

L'aura est unique et peut-être reconstituer comme une empreinte digitale. Est ce qu'il faut croire à ce que nous a affirmé un devin : « Quand la science aurait donné la main à la spiritualité, le monde serait sauvé ? »

Camille sans s'en apercevoir se serait donné entier à ses agresseurs par le biais de sa chemise.

Quelles relations, il y a-t-il entre le pigeon à petite tête et le cerveau de Camille qui n'arrivait plus à ne rien retenir ni apprendre depuis qu'après incantation, on a fait voler le pigeon et son bout de chemise ?

C'est quoi l'incantation ?

L'incantation des sorciers a été nécessaire parce que « c'est la composante orale d'un acte surnaturel : le sorcier prononce des paroles magiques qui vont l'aider à transgresser les lois de la réalité. »

Est-ce le même système qui a été utilisé pour transférer la rhinite, et l'obsession sexuelle du bouc à Camille qui depuis lors n'arrivait plus à se maitriser sans créer, stress et tension internes ?

Le savoir endogène nous apprend ce à quoi faisait allusion la tante sorcière :

- **<u>Le don d'ubiquité :</u>** est la capacité d'être présent en plusieurs lieux à la fois.
- **<u>La bilocation</u>** : on parle de bilocation lorsqu'une personne est aperçue ou prétend être présente simultanément en deux lieux distincts.

Considérant les incantations, la bilocation, le don d'ubiquité nous ne sommes visiblement plus dans la même réalité, ce qui explique la délivrance du certificat provisoire pour pouvoir suivre de près la prise en charge qu'allait initer la tante sorcière.

Notre fréquentation neutre de plusieurs guérisseurs nous a permis de prévoir l'échec de la tante sorcière qui n'a plus respecté le consensus du groupe des initiés avant de commencer son éphémère prise en charge. C'est dire que le qualificatif d'ignorants que la sorcière nous attribuait à ce sujet n'était pas totalement vrai.

Ce double échec de la médecine moderne et de la sorcière était assez éloquent pour comprendre l'abandon pour des mois de rendez-vous de consultations. Nous étions cependant surs que l'état stationnaire de notre patient et sa déception le pousseront à chercher ailleurs.

❖ <u>Camille et le Renouveau Charismatique</u>

En effet, Camille est revenu nous voir plus de dix ans après pour un certificat médical pour son reclassement et des soins. Il a changé le récit de sa maladie. **« Il croit maintenant que c'est le diable, Satan, le démon qui est à l'origine de sa maladie ». Les prières « des frères et sœurs en Christ et le précieux sang de Jésus vont le guérir ».**
Ces quelques passages de la lettre d'introduction à la dernière rencontre dévoilent ce qu'il est devenu après une écoute et une prise en charge spirituelle chrétienne.

Cotonou, le 28 décembre 1997

Monsieur le Professeur,

J'ai l'honneur de venir très respectueusement solliciter de votre haute bienveillance, la faveur de me venir en aide pour un épineux problème de santé et de carrière.

S'il vous souvient bien, je suis un de vos anciens patients que vous traitiez avec la grande attention, délicatesse et amour, à l'hôpital du CNHU, dans votre Cabinet Médical de Wologuèdè et dans votre maison de Vodjè.

Je fus d'abord traité par le Docteur GOASGUEN Jean dans les années 1969 à 1972 pour manifestations hypocondriaques par suite d'un accident de voyage subi entre Natitingou et Kouandè au cours duquel, sur 40 voyageurs, il y eut à peine une dizaine de survivants. Depuis lors, je fus confronté aux problèmes d'oublis, d'inconscience brutale, de céphalées et de suspicion.

Des années après cet accident, je fus confronté aux dures épreuves de maux de tête, de mémoire, et d'intelligence. On évoqua souvent des atteintes d'envoûtement et de sorcellerie. Vous fûtes le maître à dénouer une situation que j'avais vécue de 1980 à 1984 avec une sorcière de classe exceptionnelle, qui se dénonçait, par le biais du Révérend Père Romain Daï, avec ses autres complices, comme auteurs de mes maux. Mes péripéties en ces tribulations, vous vous en souvenez, dans ces domaines, furent de véritables aventures aux enfers. Aujourd'hui, grâce aux prières d'intersection du Père ALTER dans le Renouveau Charismatique, les nuages semblent, ou plutôt se dévoilent lentement. Les souvenirs du passé s'éclaircissent de plus en plus. <u>Je viens en ce jour me rapprocher de vous, comme on se rapproche d'un grand frère très aimable, capable de vous donner un coup de pouce.</u>

1. Je veux me mettre en situation de reprendre mes études.

Mais je me vois confronté aux éternels handicaps d'insuffisance de mémoire, d'intelligence, d'ordre, d'analyse objective, de suite cohérente dans l'action, de ruse et de créativité. Je n'ai jamais cessé de demander à Dieu le Père, à Dieu le Fils et à Dieu l'Esprit Saint, les dons indispensables à mettre fin à mes aventures humaines et spirituelles. Je n'ai jamais cessé de leur réclamer ces dispositions d'esprit que je viens de vous citer et les vertus qui les accompagnent.

Je sais aussi qu'en me rapprochant de vous pour vous consulter, vous ne manquerez pas de me dresser une suite de soins pouvant contribuer, un tant soit peu, à une incitation et à une correction de l'organisme pour retrouver ces aptitudes mentales. Somme toute, je vous demande ici, quels apports de la nature ou du phénotype pourriez-vous me conseiller pour m'élever à la hauteur d'esprit que j'attends de Dieu et des hommes?

2. Ma seconde préoccupation qui m'est d'ailleurs venue à l'esprit, ici plus saisissante, ici plus émouvante, la plus palpitante, que dis-je, la plus empoignante, concerne ma carrière. A quelques dix-huit mois de ma retraite, le Service des Contentieux de la Direction des Ressources Humaines du Ministère de l'Education Nationale et de la Recherche Scientifique (MENRS) me demande une pièce à conviction pour me remettre mes droits. Les faits : pendant mon Examen Pratique du CAP des années 1980 à 1983, j'avais eu à demander des reports pour raison de santé débile. Vous m'aviez, en cette période, délivré des ordonnances, des résultats d'examens et un certificat médical.

Il s'agit, aujourd'hui, de me produire une attestation médicale confirmant m'avoir effectivement soigné durant cette période pour justifier les raisons des trois reports successifs pour raison de santé mentale débile à cause de manifestations psychiques hypocondriaques retardant mes processus mentaux devant me faciliter l'accès à cet examen pratique du *CAP*.

Signé Camille

Le cas Camille : les avatars des écoutes multiples dans la prise en charge en santé mentale en Afrique

L'un des constats que nous pourrons faire c'est l'existence d'écoutes plurielles et parfois contradictoires pour une cause commune : la guérison du patient.

L'écoute médicalisée qui est rapportée dans la première partie du récit peut être subdivisée en deux parties qui expriment plus qu'une technique, toute une conception de l'homme et une vision de la maladie.

- ❖ **"L'écoute médicalisée"** du médecin généraliste ou spécialiste des soins d'une partie du corps divisé en organes, utilise comme moyen, l'interrogatoire du malade. Celui-ci répond aux questions dont il n'a pas l'initiative. Il n'est presque pas écouté. Cette démarche exacerbe la primauté du corps et des organes. " La santé étant le fonctionnement harmonieux du corps dans le silence des organes". Le malade reste souvent frustré. Le médecin dans sa tour d'ivoire égocentrique est souvent inefficace.

- ❖ **L'écoute médicalisée avec une approche psychosomatique** prend l'homme dans sa totalité, dans sa globalité (corps et personnalité) dans un environnement donné. Cette écoute, celle de certains médecins et surtout des psychiatres et psychologues utilise l'entretien avec l'initiative et la parole laissées aux patients. Elle accepte l'existence du transfert et du contre transfert, des mécanismes de défense de la personnalité, et de l'inconscient.

❖ **<u>L'écoute et l'acceptation de l'aveu de la sorcière</u>** pose le problème, de l'approche traditionnelle de la souffrance de l'Homme total. Elle dévoile le modèle de la médecine traditionnelle secrétée par la culture négro-africaine dans laquelle l'Homme est corps, âme et esprit dans un environnement où les choses et les êtres réagissent les uns sur les autres. Les êtres et les choses n'ont plus les mêmes formes ou compositions rationnelles. Quels sont les divers éléments qui composent le corps ? Où s'arrêtent-t-ils ? Peut-on sortir de son corps ? Peut-on s'incarner dans celui d'un autre et surtout d'un animal ? Pour le scientifique à côté du normal existe-t-il le paranormal ? Les pouvoirs de bilocation, d'ubiquité, de télépathie sont-ils réels ? De quelle oreille les scientifiques africains et non africains écoutent-ils les patients en général, les patients africains en particulier ? Dans cette réalité, l'entretien, la rencontre est-elle possible pour le psychothérapeute occidental ? S'il s'ajuste au modèle, il se détruit car il n'a ni formation ni l'autorité pour poursuivre. S'il considère le modèle comme l'expression, attardée d'un primitivisme désuet, il le fait en sachant qu'il est un parfait ignorant qui cache savamment son doute pour pouvoir continuer d'exercer avec ses confrères et la bénédiction, la reconnaissance scientifique de ses maîtres. C'est souvent la position des thérapeutes intellectuels africains.

❖ <u>**L'écoute du thérapeute spirituel souvent chrétien**</u> : ici c'est le modèle de l'interprétation par le biais de la théorie démoniaque qui réapparaît avec ses indications thérapeutiques dont l'essentiel est l'exorcisme remis au goût du jour par le mouvement du « Renouveau charismatique ». Ce modèle auquel adhèrent les africains convertis et souvent acculturés apparaît comme une bouée de sauvetage de l'africain tiraillé entre ses croyances et peurs nées du modèle traditionnel, les rituels qui s'imposent et les exigences actuelles de sa nouvelle religion qui trace le cheminement de la cure autorisée mais pas souvent efficace. Il nous semble que les limites viennent du fait que le modèle agit comme "un recouvrement", mécanisme fréquemment utilisé par les éléments du groupe africain qui se protège pour ne pas éclater en cas de conflits importants. Le patient chrétien retient que sa religion reconnaît les sorcelleries dont les maîtres sont ici le diable sur lequel la prière doit agir. Le sorcier est un possédé. L'exorcisme est destiné à neutraliser et chasser les démons, mais le patient continu d'avoir peur de la sorcellerie "africaine". Le précieux sang du Christ ne suffira pas souvent à supprimer l'état anxieux, dépressif, ni malheureusement les morts psychosomatiques. L'arrière-goût de colonisé, et la non-amélioration de l'état explique en partie le retour de Camille et les demandes adressées à son ancien médecin dans sa lettre.

<u>L'écoute du thérapeute moderne au cours des prises en charges des psychothérapies</u>.

D'inspiration psychanalytique, elle est différente, plus profonde, entre le recouvrement et les anecdotes pour toucher les désirs, les pulsions sexuelles et autres, à condition de se référer à la culture locale ici africaine, aux diverses parties du corps et à leur investissement et représentation, aux mots, à la linguistique. Sans ces conditions préalables, elle parait étrangère insolite, comme une intruse.

Par contre avec ses préalables elle permet à l'individu de se révéler à lui-même parfois à son étonnement. Elle laisse parfois le corps, les esprits, les diables, pour revenir aux difficultés actuelles ou d'un passé récent aux relations inter humaines. Le patient aidé par le thérapeute découvre le langage symbolique qu'il utilise grâce au corps pour dire ses difficultés personnelles à vivre lui-même, ou dans le groupe. C'est étonné que le thérapeute s'entend dénommer "devin", car il a vu, il a vu juste. C'est comme si le bon, le vrai écoutant, doit pouvoir voir l'écouté. Il s'agit de voir, non pas ce dehors proposé et exposé mais le dedans caché non somatique mais surtout émotionnel affectif.

Cette technique qui semble avoir des avantages certains est pratiquée par de rares professionnels à cause de l'absence de formation, de la réticence au fait de devoir s'impliquer profondément, et enfin par la limite des préjugés qui postulent que le noir n'est pas accessible à la psychanalyse.

Avec le cas Camille, nous venons de rendre compte des difficultés de l'écoutant que nous avons découvert, que nous sommes malheureusement souvent, écoutant différent de celui que nous devrions ambitionner d'être pour mieux, comprendre la souffrance quotidienne des personnes qui se confient à nous et espèrent, à tort ou à raison, que nous pourrons aider et accompagner chez elles le déclenchement du processus de guérison.

Mais la conclusion de cette causerie nous rappelle qu'à l'instar du Dieu HindouVichnou, nous devons posséder « le don d'avatar », c'est-à-dire celui de nous incarner dans des corps différents et d'y vivre le temps qui nous sera nécessaire et utile pour en sortir mieux informé et mieux aguerri pour oser agir à la manière « d'un orienteur » ou au contraire « d'un accompagnateur » en cas d'une auto prise en charge. Pour s'incarner dans différents corps, il faut : d'abord être soi, différent des autres, c'est-à-dire être un corps humain sexué, une personnalité avec son psychisme et un personnage avec ses connaissances, ses expériences, bref sa culture. Mais alors, qu'est-ce qu'un corps humain? Qu'est-ce qu'un corps humain sexué ? Quelles sont ses caractéristiques, ses capacités, ses faiblesses pour être un écoutant ? Qu'est-ce qu'une personnalité et quels en sont les effets dans l'art de l'écoute ? Quel est ce personnage écoutant et dans quelle position est-il pour écouter si « écouter, c'est être-là l'oreille ouverte et laisser dire ce qui se dit » ? Ces définitions se prolongent en interpellations. « Mais qu'est-ce donc être là ? Et de quelle oreille entend-on nous ? Et qu'est-ce que laisser dire ? Qu'est-ce qui se dit ?" Nous ajouterons qui est l'écouté ? Et qui dit quoi? Le cas Camille ambitionne de répondre à quelques-unes des interpellations à partir de nos écoutes multiples dans le cadre de la prise en charge en santé mentale en Afrique.

Dans un monde bouleversé par les innovations, et le développement des connaissances, certaines questions n'ont eu que des réponses partielles. C'est quoi l'homme, quelle est sa dimension réelle ? Comment la saisir pour mieux prendre en charge les souffrances physiques, mentales, sociales et spirituelles de l'Humanité?

Que dire et que faire alors devant cette multiplicité d'écoutes qui devrait nous amener unis à la résolution de la cause commune, la guérison, celle du patient? En sachant qu'aucune des écoutes ne suffit à elle seule, chacune ayant ses avantages et ses inconvénients, il devrait exister un consensus pour la guérison du malade, à aborder par nos écoutes multidisciplinaires, multiculturelles et multiethniques si nous voulons une prise en charge efficiente en santé mentale en Afrique. Ce positionnement nous oblige à accepter la nécessité de formations diverses tant théoriques que pratiques. Ce dernier point pose le problème de l'existence d'une formation à une bonne empathie qui ne serait alors pas une qualité innée mais acquise.

A qui s'adressera-t-elle ? Aux médecins, aux psychologues à tous les intervenants du réseau. Quelles sont les méthodes de formations et qu'elles seraient les formes de cette prise en charge qui se veut différente ? A ce niveau nous concevons que nous sommes encore des élèves des maîtres de la tradition africaine, et des écoles modernes occidentales ou asiatiques.

Psy africains, ou en exerçant en Afrique, nous qui sommes entre les marteaux et les enclumes, jetons nos masques pour qu'on sache notre véritable souffrance, notre déchirement.

Comme nous le conseillait déjà notre **Feu Maitre H. Collomb** :
« Que peut apporter une confrontation entre l'art de guérir en Afrique et les techniques occidentales ?

L'occident exporte, l'Afrique reçoit, reçoit mal ce que l'Occident propose. L'Afrique n'exporte pas encore ; l'Occident n'est pas prêt à recevoir ce que l'Afrique pourrait donner.

Que ceux qui travaillent en Afrique prennent conscience de ce qui existe avant de proposer ou d'imposer d'autres modèles et d'autres modes d'action pour ce qui concerne l'art de guérir les maladies mentales. »

<u>QUELQUES REFERENCES BIBLIOGRAPHIQUES</u>

AHYI G.R. -Psychopathologie et Culture Africaine
A propos de la clinique de quatre affections psychiatriques en Afrique
Noire, Editions universitaires Européennes,70 pages ,2017.

AHYI G.R.- Cas Camille, Congrès Santé Mentale de Cotonou, Thème :
Santé, Modernité et Tradition du 14 au16 Octobre 2019.

AHYI G.R. –La psychiatrie en Afrique Noire,5^{èm} entretien de Médecine
Aéronautique et Tropicale ,20-27 Février 1987.

AKELE-AKPO- Contribution à l'étude du Brain Fag Syndrom à propos
de 204, cas suivi au CNHU de Cotonou, Thèse de Médecine,
Cotonou,1982, Numéro 5 ,103p.

COLLOMB H.- Assistance psychiatrique en Afrique : expérience
sénégalaise, Psychopathologique Africaine ,1965, I ,11-84.

COLLOMB H. -Sorcellerie–anthropophagie et relation duelle. Congrès
of psychoanalysis on « Madness », Milano,1-4 december 1976.In La
Folia, Feltrinelli Edit., Milano ,1977, 1 vol. 82-96.

COLLOMB H. –Psychiatrie et culture (quelques considérations
générales). Psychopathologie Africaine,1965, II, 2,259-273.

ZEMPLENI A. –L'interprétation et la thérapie traditionnelle du désordre mental chez les wolofs et les lébou (Sénégal). Thèse de 3e cycle en psychologie, Paris ,1968 ,543p.

SOMMAIRE